LIDERANÇA

Liderança Livro Para Influenciar, Motivar E
Comunicar Com Sua Equipe E Ser Bem Sucedido

(Ultimate Book Para Melhor Comunicação,
Influência E Gestão Empresarial)

Jeff Wall

Traduzido por Daniel Heath

Jeff Wall

Liderança: Liderança Livro Para Influenciar, Motivar E Comunicar Com Sua Equipe E Ser Bem Sucedido (Ultimate Book Para Melhor Comunicação, Influência E Gestão Empresarial)

ISBN 978-1-989837-59-7

Termos e Condições

De modo nenhum é permitido reproduzir, duplicar ou até mesmo transmitir qualquer parte deste documento em meios eletrônicos ou impressos. A gravação desta publicação é estritamente proibida e qualquer armazenamento deste documento não é permitido, a menos que haja permissão por escrito do editor. Todos os direitos são reservados.

As informações fornecidas neste documento são declaradas verdadeiras e consistentes, na medida em que qualquer responsabilidade, em termos de desatenção ou de outra forma, por qualquer uso ou abuso de quaisquer políticas, processos ou instruções contidas, é de responsabilidade exclusiva e pessoal do leitor destinatário. Sob nenhuma circunstância qualquer, responsabilidade legal ou culpa será imposta ao editor por qualquer reparação, dano ou perda monetária devida às informações aqui contidas, direta ou indiretamente. Os respectivos autores são proprietários de todos os direitos autorais não detidos pelo editor.

Aviso Legal:

Este livro é protegido por direitos autorais. Ele é designado exclusivamente para uso pessoal. Você não pode alterar, distribuir, vender, usar, citar ou parafrasear qualquer parte ou o conteúdo deste ebook sem o consentimento do autor ou proprietário dos direitos autorais. Ações legais poderão ser tomadas caso isso seja violado.

Termos de Responsabilidade:

Observe também que as informações contidas neste documento são apenas para fins educacionais e de entretenimento. Todo esforço foi feito para fornecer informações completas precisas, atualizadas e confiáveis. Nenhuma garantia de qualquer tipo é expressa ou mesmo implícita. Os leitores reconhecem que o autor não está envolvido na prestação de aconselhamento jurídico, financeiro, médico ou profissional.

Ao ler este documento, o leitor concorda que sob nenhuma circunstância somos responsáveis por quaisquer perdas, diretas ou indiretas, que venham a ocorrer como resultado do uso de informações contidas neste documento, incluindo, mas não limitado a, erros, omissões, ou imprecisões.

Índice

Parte 1 1

Introdução 2

7 Características Que Separam Um Chefe De Um Líder 6
1. Líderes Lideram Ao Invés De Mandar. 7
2. Líderes Ouvem E Falam Ao Invés De Comandar. 7
3. Líderes Motivam Ao Invés De Aterrorizar. 8
4. Líderes Ensinam E Aprendem Ao Invés De Cobrar E Ignorar. 9
5. Líderes Participam Ao Invés De Ficar A Parte. 10
6. Líderes Advertem Ao Invés De Repreender Ou Gritar........ 10
7. Líderes Estabelecem Relacionamentos De Igualdade. 11

Chaves Para Se Tornar Um Líder Notavelmente Eficaz 13
1. Delegue Com Sabedoria 13
2. Estipule Metas 14
3. Comunique-Se 15
4. Arranje Tempo Para Os Funcionários 15
5. Reconheça Conquistas 16
6. Pense Em Soluções Duradouras 17
7. Não Leve Tudo Tão A Sério 17

9 Diferenças Entre Ser Um Líder E Um Gerente 18
1. Líderes Criam Uma Visão, Gerentes Criam Metas. 19
2. Líderes São Agentes De Mudanças, Gerentes Mantêm O Status Quo. 19
3. Líderes São Únicos, Gerentes Copiam. 20
4. Líderes Tomam Riscos, Gerentes Controlam Riscos.......... 21
5. Líderes Se Comprometem Com O Longo Prazo, Gerentes Pensam A Curto Prazo. 21
6. Líderes Buscam Se Desenvolver Como Pessoa, Gerentes Dependem De Habilidades Já Existentes E Provadas. 22
7. Líderes Constroem Relacionamentos, Gerentes Constroem Sistemas E Processos.. 23
8. Líderes Treinam, Gerentes Dão Ordens. 23

9. Líderes Criam Fãs, Gerentes Tem Empregados. 24
Segredos Dos Administradores Do Tempo Eficazes 25
1. Priorização. 26
2. Planeje Com Antecedência. 27
3. Desenvolva Uma Agenda De Base 27
4. Concentre-Se 28
5. Dê Um Descanso A Você 29
6. Mantenha Uma Mentalidade De Maratona 30
7. Defina Expectativas Realistas. 31
8. Saiba O Que A Sua Equipe Faz 32
9. Encontre Motivadores Reais 33
10. Explique O Porquê 34
11. Desenvolva Trabalhadores Independentes 34
12. Reconheça Os Talentos Dos Seus Empregados 35
13. Concentre-Se Numa Cultura De Equipe 36
14. Seja Um Modelo 37
15. Mantenha Suas Portas Abertas 38
Características De Uma Boa Liderança 39
Visão 39
Paixão 40
Sabedoria 40
Compaixão 41
Carisma 41
Boa Comunicação 42
Persistência 42
Integridade 43
Coragem 43
Disciplina 44
A Importância De Desenvolver Habilidades De Liderança . 44
Como Habilidades De Liderança Podem Te Ajudar 45
Diferentes Estilos De Liderança 46
Conclusão 49
Parte 2 51

- Introdução 52
- Capítulo 1 – O Líder Confiante 53
  - COMO SE TORNAR UM: 54
- Capítulo 2 – O Líder Autodisciplinado 57
  - COMO SE TORNAR UM: 58
- Capítulo 3 – O Líder Honesto 61
  - COMO SE TORNAR UM: 62
- Capítulo 4 – O Líder Organizado 65
  - COMO SE TORNAR UM: 66
- Capítulo 5 – O Líder Comunicativo 69
  - COMO SE TORNAR UM: 70
- Capítulo 6 – O Líder Apaixonado 72
  - COMO SE TORNAR UM: 73
- Capítulo 7 – O Líder Otimista 76
  - COMO SE TORNAR UM: 77
- Capítulo 8 – O Líder Intuitivo 80
  - COMO SE TORNAR UM: 81
- Capítulo 9 – O Líder Criativo 84
  - COMO SE TORNAR UM: 85
- Capítulo 10 – O Líder Inspirador 87
  - COMO SE TORNAR UM: 88
- Conclusão 90

Parte 1

Introdução

Um líder e um chefe podem ser a mesma coisa ou duas coisas diferentes, dependendo das qualidades que uma pessoa tem. Um líder poderia ser um chefe ou um chefe pode ser um líder, enquanto que poderia ser o completo oposto, onde um líder não é um chefe, ou um chefe não é um líder. Nem todos os chefes são líderes, mas eles jogam um jogo importante em nossas vidas.

Líderes são pessoas que são responsáveis por inspirar, guiando e liderando um grupo de pessoas em um caminho para um objetivo em comum. Um líder é alguém que é visto como exemplo e é seguido cegamente. Espera-se que ele apenas ouça as pessoas e nada mais. Um líder também tem o dever de buscar o melhor para todos e não apenas para si. O líder é essencialmente idolatrado. Dictionary.com define um "líder" como "uma pessoa ou coisa que lidera; um guia ou uma mente diretiva." O líder é responsável por comandar um grupo de pessoas, sem ser chato, e é sempre considerado parte do grupo. Espera-se que ele tenha características tais como inovação, inspiração, orientação, força de caráter, e uma visão. Espera-se que ele seja inteligente, carismático, original, bom, etc. Um líder deve sempre levar a pessoa na direção certa e é quase sempre justo. Um líder que se acredita estar trabalhando para o bem das pessoas é uma pessoa de confiança.

Um chefe é uma pessoa que é responsável pelo local de trabalho. Ele poderia ser o presidente da empresa, ou ele poderia ser o gerente. Ele sempre responde a alguém, bem como os empregados respondem ao seu chefe. Então, um chefe sempre tem um chefe, e às vezes podem ser pessoas em geral. Por exemplo, em uma fábrica especializada um empregado responde ao gerente, enquanto o gerente responde ao diretor, o diretor para o CEO, enquanto o CEO tem de responder aos acionistas, que são pessoas comuns. Acredita-se que, muitas vezes os chefes trabalham com foco em objetivos monetários e nem sempre se importam com o bem-estar das pessoas, eles estão sempre procurando explorar mais as pessoas, enquanto tentam pagar o mínimo possível. Chefes impõe o respeito através do medo e sempre tem a última palavra. O dictionary.com define "chefe" como, "uma pessoa que toma decisões, exerce autoridade, domina, etc; uma pessoa que emprega ou superintende trabalhadores; gerente."

Um chefe poderia ser líder e poderia inspirar seu pessoal, enquanto toma sugestões ativas. Basicamente, quanto mais felizes os empregados dele estiverem, mais produtivos eles serão, resultando em mais benefícios para a empresa. No entanto, chefes são conhecidos por sempre promover o medo, enquanto os líderes são conhecidos por inspirar e liderar. Um líder é responsável por encorajar criando os passos para se seguir, enquanto os chefes demandam das pessoas que trabalhem sob o comando deles e exige que trabalhem duro. Muitas vezes os chefes apenas dão ordens, enquanto os líderes lideram pelo exemplo. Um líder é considerado mais eficaz em relação a um chefe, por eles serem mais produtivos em comparação com a quem apenas segue ordens.

O modelo mais bem sucedido é uma mistura de líder e chefe, enquanto as vezes apenas a autoridade resolve, é melhor garantir que os chefes acreditem em seus empregados e os liderem através da inspiração. A autoridade e o poder de um líder estão nas mãos das pessoas, enquanto a de um chefe não.

7 Características Que Separam Um Chefe De Um Líder

Enquanto um líder pode ser um chefe, nem todo chefe é um líder. Embora os líderes e os chefes tenham definições quase iguais, de fato, eles são diferentes no mundo competitivo de hoje.

Apenas o termo "líder" invoca mais positividade do que "chefe". No entanto, quando as pessoas sonham em alcançar posições mais altas na vida, no trabalho ou na política, eles sonham mais em ser chefes do que líderes.

Uma possível explicação para isso é que ser um líder demanda muito mais responsabilidade em um trabalho do que ser um chefe, visto que sendo um chefe, você não precisa necessariamente ir além para impressionar um superior.

Enquanto um chefe é primariamente focado nos objetivos, um líder se preocupa com o processo que gera esses resultados e com as pessoas que o executam. Veja agora os principais pontos que distinguem um líder de um chefe:

1. Líderes lideram ao invés de mandar.

Durante toda a história, os melhores chefes lideraram suas tropas em batalhas, campanhas ou algo assim. As tropas não estavam com medo porque o seu líder estava lá com elas. Líderes estão lá para levar a equipe em frente e para andar junto com ela.

2. Líderes ouvem e falam ao invés de comandar.

Chefes tendem a dar ordens; eles precisam que seus empregados ouçam e obedeçam. No entanto, líderes sempre ouvem as opiniões de seus colegas e as consideram importantes.

Líderes estão prontos para o aconselhar, conversar e ouvir qualquer feedback que um empregado tenha para oferecer. Esta reciprocidade faz com que qualquer empregado se sinta mais forte e lhe dá confiança para seguir o líder.

3. Líderes motivam ao invés de aterrorizar.

Enquanto trabalhando em projetos, as pessoas têm altos e baixos. Através desta montanha russa, os chefes são mais propensos a comandar pela intimidação, enquanto líderes irão fazê-lo pela motivação.

Uma das melhores coisas sobre líderes é que eles oferecem empatia e prepararam o grupo para as tarefas do momento. Isto é muito importante, visto que sempre que os colegas não estão preparados para certos deveres, líderes estão lá para ajudar, ensinar e dar suporte. Líderes sabem que cada funcionário está na equipe por uma razão e eles têm fé em cada esforço específico.

4. Líderes ensinam e aprendem ao invés de cobrar e ignorar.

Um verdadeiro líder é a pessoa que tem auto-estima, mas que não é arrogante e não tem vergonha de aprender com pessoas de cargos menores. Eles sabem que nunca é tarde para aprender mais.

Isso explica a tendência de líderes sempre prestarem atenção em seus colegas, sabendo que sempre há mais a se aprender com eles. Mais ainda, os líderes não são apenas tomadores, mas doadores também. Um bom líder não é ganancioso para compartilhar conhecimento com outra pessoa; em vez disso, o líder ensina e alimenta novos profissionais.

5. Líderes participam ao invés de ficar a parte.

Enquanto os chefes decidem ficar a parte no trabalho, os líderes tomam iniciativa. Eles observam o progresso do trabalho, fazem ajustes onde necessário e ajudam os membros da equipe. Eles preferem fazer parte da equipe, em vez de ficar apenas mandando nela.

6. Líderes advertem ao invés de repreender ou gritar.

Quando necessário, um líder oferece críticas construtivas. No entanto, um líder nunca repreende ou grita com alguém, especialmente em público. Eles entendem que estão lidando com pessoas e ninguém tem o direito de humilhar os outros. Em vez disso, o líder fala com a pessoa em particular e com a cabeça fria.

7. Líderes estabelecem relacionamentos de igualdade.

Qualquer um que já tenha trabalhado em uma equipe sabe como é quando o gerente escolhe seus favoritos e não favoritos. Isso sempre causa estresse e tensão sobre os membros da equipe, o que compromete a produtividade.

Um bom líder tenta tratar todos da mesma forma e não permitir que suas preferências pessoais afetem a dinâmica da equipe.

Durante a sua vida, você encontrará dois tipos de gerentes: líderes e chefes. Independente do quão alta é a posição desses indivíduos; pessoas mandonas são mais propensas a falhar, enquanto aquelas que lideram alcançam o sucesso.

Talvez as coisas que mencionei não façam nenhum sentido para você agora, mas, eventualmente, você irá experimentar a diferença e angariar um entendimento maior de qual tipo de gerente você prefere para sua vida profissional.

Chaves Para Se Tornar Um Líder Notavelmente Eficaz

Para muitos empreendedores(as), a última coisa com que você quer se preocupar (ou fazer) é gerenciar pessoas. Você quer ir lá, encontrar os clientes, criar produtos fantásticos e trazer novas e excitantes oportunidades porta adentro. Mas, a menos que você tenha contratado pessoas para a tarefa de gerenciar seus funcionários, você ainda está no páreo.

A boa notícia é que você pode tornar essa tarefa um pouco mais fácil para você mesmo por meio da compreensão destas 7 questões chave da liderança, e sua organização vai se beneficiar diretamente dos resultados.

1. Delegue com sabedoria

A chave para a liderança de sucesso é aprender a delegar de maneira eficiente, tanto a responsabilidade de completar as tarefas quanto a autoridade necessária para que as coisas sejam feitas. Muitos chefes sentem que precisam controlar cada pequena coisa que os seus empregados fazem. Esta é a receita para um desastre. Quando você delega trabalho aos empregados, você multiplica a quantidade de trabalho que você pode realizar, enquanto melhora a confiança, liderança e as habilidades dos seus empregados.

2. Estipule metas

Todo funcionário precisa de objetivos para perseguir. Objetivos não só dão ao funcionário uma direção e um propósito, mas também garantem que seus funcionários estão trabalhando para os objetivos gerais da organização. Estabeleça metas específicas e mensuráveis com seus funcionários, e então monitore regularmente o progresso para alcançá-las.

3. Comunique-se

Chefes demais se comunicam muito pouco. Muitas vezes é difícil para grandes empresários e executivos manter seus funcionários atualizados sobre as mais recentes novidades organizacionais. Independente disso, você deve fazer todos os esforços para prover aos funcionários as informações que eles precisam fazer o trabalho deles de maneira rápida e eficiente.

4. Arranje tempo para os funcionários

Acima de tudo, liderança é um trabalho de pessoas. Quando um empregado precisa falar com você -independente da razão- certifique-se de separar um tempo para fazê-lo. Coloque o seu trabalho de lado por um momento, guarde seu smartphone, e se concentre na pessoa na sua frente.

5. Reconheça conquistas

Todo empregado quer fazer um bom trabalho. E quando eles fazem um bom trabalho, eles querem reconhecimento de seus patrões. Infelizmente, poucos chefes fazem questão de reconhecer e recompensar por um trabalho bem feito. A boa notícia é que há muitas coisas que os chefes podem fazer para reconhecer os empregados que custam pouco ou até nenhum dinheiro, são fáceis de implementar, e que tomam apenas alguns minutos para serem feitos.

6. Pense em soluções duradouras

Não importa quão difícil é o problema, há sempre uma solução rápida, e líderes são mais felizes quando estão procurando soluções para os problemas. O problema é que, em nosso zelo em corrigir as coisas rápido e passar para o próximo incêndio, muitas vezes nós deixamos passar a solução duradoura que pode levar mais tempo para se desenvolver. Embora seja mais divertido ser um apagador de incêndios, a próxima vez que você tiver um problema para resolver na sua organização, lide com a causa do problema em vez de simplesmente tratar os sintomas.

7. Não leve tudo tão a sério

Sem dúvida, administrar um negócio é trabalho sério. Os produtos e os serviços devem ser vendidos e entregues, e o dinheiro deve ser feito. Apesar da gravidade dessas responsabilidades, líderes de sucesso fazem de suas organizações lugares divertidos para se trabalhar. Ao invés de ter funcionários que procuram de todas as maneiras possíveis ficar doentes ou que cheguem no trabalho tarde ou vão para casa cedo, organizações que trabalham duro e se divertem muito acabam tendo uma força de trabalho mais leal e enérgica.

9 Diferenças Entre Ser Um Líder E Um Gerente

Quando você é promovido a um cargo onde você irá gerenciar pessoas, você não se torna um líder automaticamente. Há distinções importantes entre gerenciar e liderar pessoas. Aqui estão nove das diferenças mais importantes que destacam os líderes:

1. Líderes criam uma visão, gerentes criam metas.

Líderes criam uma imagem do que eles vêem como possível, e inspiram e envolvem seu pessoal em transformar essa visão em realidade. Eles pensam além do que os indivíduos fazem. Eles ativam as pessoas para fazer parte de algo maior. Eles sabem que as equipes altamente funcionais conseguem fazer muito mais juntas do que indivíduos de maneira autônoma. Gerentes focam em estipular, medir e alcançar metas. Eles controlam as situações para alcançar ou superar seus objetivos.

2. Líderes são agentes de mudanças, gerentes mantêm o status quo.

Líderes são exploradores orgulhosos. A inovação é o seu mantra. Eles abraçam a mudança e sabem que, mesmo se as coisas estão funcionando, pode haver um caminho melhor a seguir. E eles entendem e aceitam o fato que mudanças no sistema muitas vezes criam ondas. Gerentes ficam com o que funciona, refinando sistemas, estruturas e processos para torná-los melhores.

3. Líderes são únicos, gerentes copiam.

Líderes preferem ser eles mesmos. Eles são autônomos e trabalham ativamente para construir sua marca pessoal, única e diferenciada. Eles se sentem confortáveis em suas próprias personalidades e estão dispostos a se sobressair. Eles são autênticos e transparentes. Gerentes imitam as competências e comportamentos que aprendem com os outros e adotam o seus estilos de liderança, em vez de definir o seu estilo próprio.

4. Líderes tomam riscos, gerentes controlam riscos.

Líderes têm a intenção de tentar novas idéias, mesmo que possam falhar miseravelmente. Eles sabem que o fracasso é muitas vezes um passo em direção ao sucesso. Gerentes trabalham para minimizar o risco. Eles procuram evitar ou controlar problemas, em vez de abraçá-los.

5. Líderes se comprometem com o longo prazo, gerentes pensam a curto prazo.

Líderes têm intencionalidade. Eles fazem o que eles dizem que vão fazer e se mantém motivados em direção a um grande, muitas vezes distante, objetivo. Eles se mantêm motivados sem receber recompensas regularmente. Gerentes trabalham em relação a objetivos de curto prazo, buscando mais reconhecimento regular ou elogios.

6. Líderes buscam se desenvolver como pessoa, gerentes dependem de habilidades já existentes e provadas.

Líderes sabem que, se não estiverem aprendendo algo novo a cada dia, eles não estão crescendo, estão ficando para trás. Eles permanecem curiosos e buscam se manter relevantes no mundo em constante mudança do trabalho. Eles procuram pessoas e informações que ajudarão a expandir seus pensamentos. Gerentes muitas vezes optam por aquilo que os tornou bem sucedidos, melhorando habilidades existentes e adotando comportamentos já comprovados.

7. Líderes constroem relacionamentos, gerentes constroem sistemas e processos.

Líderes focam em pessoas - a todos as partes interessadas que eles precisam influenciar para realizar sua visão. Eles sabem quem são as partes e passam boa parte do seu tempo com elas. Eles constroem lealdade e confiança, por cumprirem de maneira consistente suas promessas. Gerentes focam nas estruturas necessárias para estipular e atingir metas. Eles focam nas análises e garantem que os sistemas estão disponíveis para alcançar os objetivos desejados. Eles trabalham com indivíduos, suas motivações e objetivos.

8. Líderes treinam, gerentes dão ordens.

Líderes sabem que as pessoas que trabalham pra eles têm as respostas ou são capazes de encontrá-las. Eles vêem as pessoas como competentes e são otimistas quanto ao potencial delas. Eles resistem a tentação de dizer ao seu pessoal o que fazer e como fazê-lo. Gerentes delegam tarefas e dão instruções sobre como executá-las.

9. Líderes criam fãs, gerentes tem empregados.

Líderes têm pessoas que vão além de segui-los; Seus seguidores se tornam super fãs e promotores entusiasmados - ajudando-os a construir a sua marca e alcançar seus objetivos. Seus fãs os ajudam a aumentar a sua visibilidade e credibilidade. Gerentes têm uma equipe que segue instruções e busca agradar o chefe.

Segredos Dos Administradores Do Tempo Eficazes

A administração do tempo pode ser um dos maiores fatores na determinação do seu sucesso, esteja você considerando um grande compromisso como voltar para a escola, ou tentando manter-se em dia com suas responsabilidades no trabalho ou em casa.

Gestão de equipe nem sempre é fácil. Na maior parte do tempo significa navegar por diferentes personalidades, hábitos de trabalho e motivações, enquanto cuida de suas próprias tarefas, mantendo os objetivos da empresa em mente. Demanda muito trabalho para conseguir fazer isso certo, mas reunimos alguns segredos que são destinados a ajudar qualquer gerente, desde os mais experientes e sênior até os novos no cargo.

Quais são alguns dos segredos das pessoas que parecem fazer tudo e mais um pouco? Lembre-se que, mesmo que ninguém seja perfeito o tempo todo, existem definitivamente algumas habilidades que você pode aprender para ajudar a prepará-lo para gerenciar o tempo com sucesso.

1. Priorização.

Para aqueles que estão tentando conciliar o trabalho, a vida social e acadêmica, tudo ao mesmo tempo, é muito importante você ter certeza de que entende as demandas de todos os três, e como priorizá-las em uma base diária, semanal e mensal. Manter listas de "a fazer" pode ser extremamente útil, bem como se comunicar com aqueles que podem ser impactados por sua agenda lotada. Sua família, colegas de trabalho, e colegas de classe podem ser grandes recursos para apoio e compreensão - não hesite em falar com eles.

2. Planeje com Antecedência.

As possibilidades são, de que você saiba com algumas semanas ou meses de antecedência quando a sua agenda irá ficar complexa. Talvez você esteja matriculado em classes que você sabe que a semana final vai ser dura. Talvez você tenha que viajar a trabalho e não será capaz de cumprir seus outros prazos. Independente do caso, tome nota dos declínios e fluxos em seus horários e aproveite as calmarias para se preparar para os momentos mais ocupados. Lembre-se - falhar em planejar é planejar falhar!

3. Desenvolva uma Agenda de Base

Se você sabe que trabalha melhor pela manhã, reserve esse tempo para fazer o seu trabalho. Se você sabe que prefere treinar a noite, certifique-se de saber que esse é o tempo que você tem para ir para a academia. Encontre os horários do dia em que você é mais produtivo e aproveite eles enquanto pode. Com tempo para se concentrar em apenas uma tarefa, você vai mais longe do que se ficar se batendo aleatoriamente.

4. Concentre-se

Quando é hora de fazer as coisas acontecerem, elimine distrações, seja o Facebook, a louça empilhada na pia, ou as crianças brigando no corredor. Vá a algum lugar onde você possa se concentrar completamente na tarefa em mãos e foque nela até cumpri-la. Muitas vezes nós tentamos fazer várias tarefas ao mesmo tempo, quando na verdade, você produz mais focando em uma coisa de cada vez.

5. Dê um descanso a você

Quando você é uma pessoa muito motivada, você sente que pode cumprir qualquer coisa em que coloque em sua mente. E esse pode ser o caso, mas lembre-se que todo mundo tem seus próprios limites, seja de tempo ou paciência. Mas burnout é algo bem real, e pode realmente causar-lhe uma perda em performance, se você se esforçar muito e por muito tempo. Como todo o resto, certifique-se de que você separa um tempo para relaxar, ver seus amigos e familiares, e tirar sua mente de sua lista de afazeres. Quando você voltar para ela, você vai se sentir revigorado e energizado, pronto para o próximo desafio.

6. Mantenha uma mentalidade de maratona

Quando você alcançar uma nova posição de gerência, é muito fácil ficar empolgado com as idéias que você tem. Este entusiasmo é definitivamente uma coisa boa, mas é muito importante regular o seu ritmo. Antes de começar grandes projetos, dê a si mesmo um tempo para entender sua função e o interior de sua equipe de trabalho.

Como gerente de equipe, você nem sempre terá o luxo de ter tempo e algumas mudanças rápidas são, por vezes, essenciais. Ainda assim, aproveite o tempo para consultar e entender sua equipe para certificar-se de que você não está "jogando fora o bebê com a água do banho". Se você tem grandes idéias em que você ainda não pode trabalhar, tome nota delas em algum lugar que você vai lembrar e volte para elas quando você estiver firme em sua posição.

7. Defina expectativas realistas.

Como um gerente, você usa o seu conhecimento do quadro mais amplo para impulsionar a equipe na direção de cada objetivo. Nada encoraja uma equipe mais do que o sucesso, não importa quão pequena uma vitória é. Da mesma forma, uma equipe pode tornar-se desanimada se você definir metas que ela nunca poderá cumprir.

Se você deseja criar um nova política, defina um novo objetivo ou faça uma mudança, você precisa entender se você definiu ou não expectativas realistas. Isso pode significar olhar para o seu orçamento alocado ou para a carga de trabalho daqueles cuja ajuda você precisa. Mas também lembre-se de que mesmo os maiores projetos que parecem difíceis de realizar podem ser divididos em tarefas mais fáceis de executar. Pode levar mais tempo para atingir o objetivo final, mas as pequenas vitórias ao longo do caminho serão uma grande contribuição para a moral da equipe.

8. Saiba o que a sua equipe faz

Se você estiver pensando em fazer uma mudança, ou quer ver quais mudanças são necessárias, sente com seus funcionários para descobrir como eles fazem o que fazem. É importante ter certeza de que você entende o papel deles antes de começar a fazer mudanças.

Pergunte a eles sobre quais problemas eles têm que resolver e quais as possíveis soluções. Eles podem ter alguma informação que você não consegue ver de seu escritório.

9. Encontre motivadores reais

A promessa de um aumento pode impulsionar alguns funcionários para a linha de chegada, mas outros podem não ser motivados pelo dinheiro. Há vários tipos de motivadores diferentes que você deve considerar, como a chance de trabalhar em casa, algum tempo pessoal extra, ou até mesmo a apreciação verbal sobre o esforço que eles fazem.

Quando você descobrir os motivadores reais para cada indivíduo, você pode usar esta informação para encorajar sua equipe quando eles passam por uma crise.

10. Explique o porquê

É difícil para os empregados vencerem um desafio, caso não entendam porque estão fazendo algo. Tire um tempo para explicar os motivos por trás de quaisquer mudanças ou ambições. Sempre mostre o quadro mais amplo e certifique-se de sua equipe sabe como o seu trabalho contribui e impulsiona a empresa para o seus objetivos.

Da mesma forma, feedback é algo essencial. Gerenciamento eficaz de equipes inclui sentar com os seus funcionários para dizer-lhes como eles cumpriram ou não as suas expectativas, para que eles saibam como melhorar.

11. Desenvolva trabalhadores independentes

Um trabalhador independente é um trabalhador eficaz. Você quer desenvolver sua equipe para ser educada sobre o que ela faz, entusiasmada sobre o que a empresa faz e empoderada para melhor ajudar os clientes.

Você tem a autoridade para dar a eles os recursos necessários. Equipe seu pessoal com o treinamento apropriado, ferramentas excelentes, e os recursos adequados para que eles possam trabalhar da melhor forma possível. Em sua parte, você também precisa delegar o trabalho de forma eficaz e evitar o microgerenciamento. Se você não deixar que eles trabalhem com suas idéias, eles nunca vão aprender a voar.

12. Reconheça os talentos dos seus empregados

Cada funcionário vai trazer um conjunto de habilidades diferente para a empresa. Todos eles têm suas próprias forças que, se nutridos da maneira certa, podem ser usados para beneficiar a empresa.

É seu trabalho como gerente, identificar e trazer a tona esses talentos. Uma vez identificado, você pode trabalhar com o empregado para descobrir a melhor maneira de usar suas habilidades e que treinamento adicional eles podem querer ou precisar fazer para atingir o próximo nível.

13. Concentre-se numa cultura de equipe

Seu relacionamento com cada empregado é importante, mas a maneira como a equipe interage é vital. Você entenderá que equipes que gostam de trabalhar têm mais motivação. Claro, essa cultura de equipe não é algo que você pode forçar; Ela irá evoluir naturalmente sozinha, mas você pode guiar ela na direção certa, por estar ciente de oportunidades quando elas surgirem, e envolver toda a equipe.

14. Seja um modelo

Quando você chegar em uma posição de gestão, sua equipe vai tirar o exemplo de sua atitude, entusiasmo e ética - ou da falta deles. Da mesma forma que as atitudes são copiadas, o mesmo acontece com o comportamento. Por exemplo, se você quiser que todos cheguem no horário para as reuniões de equipe, chegue cedo você.

Pratique o que você prega ou os seus funcionários não vão ficar felizes quando você esperar deles o que você mesmo não faz.

15. Mantenha suas portas abertas

Evite se o último a saber sobre problemas com projetos ou entre membros da equipe tornando-se acessível. Aprenda a ouvir antes de responder e mostre respeito pelo que seus funcionários dizem quando eles vêm até você. Neste época de escritórios remotos, fazer com que outras pessoas saibam que você está acessível requer mais do que apenas deixar as portas do seu escritório abertas.

Você tem que encorajá-los a vir até você com quaisquer dúvidas e lembrá-los de que, mesmo se você não estiver disponível agora, você fará tudo o que puder para ter tempo para eles.

Um empreendimento só é tão bom quanto os seus funcionários, e os funcionários prosperam quando seu líder tem habilidades de gerenciamento de equipe eficazes. Para novos gerentes - e até mesmo para alguns mais antigos - pode ser assustador liderar uma nova equipe. No entanto, com um pouco de esforço e alguns destes segredos, você perceberá que basta ter confiança em sua habilidade de liderar sua equipe para o sucesso.

Características De Uma Boa Liderança

Características de uma boa liderança é um assunto que tem sido estudado por muitos anos, e através da minha pesquisa, eu descobri padrões similares nos líderes, que vale a pena mencionar em síntese. Nem todos os líderes têm essas qualidades, mas é bom tê-las se você quiser ser um bom líder.

Nos meus estudos até agora, eu descobri estas dez características de uma boa liderança:

Visão

Bons líderes têm uma visão. Bons líderes sabem pra onde eles estão indo e eles conduzem as pessoas para a mesma visão que eles têm para suas vidas, para a comunidade, ou mesmo para uma nação. Eles não apenas olham para as coisas como são, mas para o que poderiam ser.

Paixão

Bons líderes não são pessoas passivas. Eles geralmente são apaixonados por qualquer coisa que estejam fazendo. Seja nos esportes ou nos negócios, líderes são extremamente focados e alguns deles são consumidos por sua paixão.

Sabedoria

Bons líderes são sábios e perspicazes. Sendo um líder muitas vezes quer dizer que eles precisam fazer decisões cruciais em vários pontos em seu gabinete. Tendo a sabedoria de tomar a decisão correta é extremamente importante em garantir o sucesso da organização.

Compaixão

Eles têm compaixão por seus seguidores. Enquanto eles entendem que têm uma meta para perseguir, eles constantemente olham para trás e cuidam das pessoas que os estão seguindo. Eles não são pessoas egoístas que só pensam em suas próprias necessidades e luxos; Eles têm compaixão pelas pessoas sob o comando deles também.

Carisma

Bons líderes são carismáticos; eles são pessoas atraentes e atraem as pessoas por conta de suas personalidades brilhantes. Seja a maneira como eles falam, ou a excelência que exigem das pessoas; Esses líderes têm um fator X que faz as pessoas se sentirem atraídas por eles.

Boa comunicação

Eles são muito bons em discursar e falar. Eles são muito versados para falar em público e podem influenciar e inspirar pessoas com as coisas que dizem. Com essa habilidade, não é surpresa que eles geralmente consigam bons seguidores.

Persistência

Eles são persistentes em alcançar seus objetivos. Eles entendem que chegar a um destino é algo cheio de contratempos. Apesar disso, eles vêem que os benefícios de alcançar o objetivo é melhor do que o revés que eles estão passando. Isso faz com que eles sejam pessoas extremamente persistentes.

Integridade

Líderes têm integridade. Eles querem dizer o que dizem, e dizem o que querem dizer. Eles mantém suas promessas e não jogam o jogo político de duas faces que muitos outros fazem. Como tal, as pessoas o julgam de confiança, e se comprometem com esses líderes como resultado.

Coragem

Eles são corajosos. Winston Churchill diz que a coragem é a virtude em que todas as outras se baseiam. Apesar de ter apenas um sonho, bons líderes são corajosos o suficiente para ir atrás dele. Os medos são reais, mas um líder corajoso o persegue apesar dos medos.

Disciplina

Bons líderes são muito disciplinados na busca de seus objetivos. Enquanto a maioria das pessoas seria facilmente distraída ou desencorajada, bons líderes disciplinam sua mente para manterem-se firmes apesar das circunstâncias.

Então aí estão, dez características de uma boa liderança. Depois de ler essas dez características, você pode ver que está fraco em algumas áreas e forte em outras. Independente disso, isso não é sobre se tornar perfeito, mas saber onde você está fraco e fazer um esforço para desenvolver essas características em si mesmo.

A Importância De Desenvolver Habilidades De Liderança

Desenvolver lideranças é muito importante porque organizações acabam tomando a personalidade dos seus líderes.

É por isso que promover treinamentos de liderança é um dever para toda organização. O desenvolvimento e o treinamento de lideranças pode realmente maximizar a produtividade, promover harmonia, assim como moldar uma cultura positiva. Só haverá harmonia e aumento de produtividade quando líderes usarem o jeito certo de liderar.

Como Habilidades de Liderança Podem Te Ajudar

Liderança não é tão fácil. Você pode ter percebido como vários líderes gerenciam sua equipe sem esforço; No entanto, lembre-se de que o caminho de um líder tem muitos desafios e surpresas. O bom é que líderes não estão sozinhos quando se trata de encarar esses desafios. Um líder tem um grupo que trabalha junto para enfrentar todos os desafios, bem como alcançar todos os objetivos. Tenha em mente que o papel do líder não é resolver todos os problemas sozinho; em vez disso, ele ou ela inspira as pessoas a resolver os problemas.

Bons líderes vão ser capazes de reconhecer que eles não têm todas as respostas. Além disso, eles estão sempre reeducando a si mesmos sobre seus empreendimentos, bem como afiando suas habilidades de liderança. Um bom líder geralmente dá passos cuidadosos para se comunicar com a sua equipe da melhor maneira possível.

Diferentes Estilos de Liderança

Ditadura - O ditador tende a manter o poder de tomada de decisão. Algumas das características deste tipo de liderança incluirá executar sem questionar, conhecimento é poder, e aversão ao erro. Este estilo de liderança se mostrou eficiente quando o grupo já está fora de controle e está fazendo pouco ou nenhum esforço para trabalhar. Neste caso, o ditador irá prover um chamado a realidade, para lembrar os membros da equipe que eles são igualmente responsáveis por garantir que o objetivo seja alcançado.

Democracia - O líder nessa situação irá se esforçar para garantir que o grupo esteja bem informado e participe na obtenção do resultado. Algumas das características desse estilo de liderança incluirão a participação de membros da equipe, encorajamento do debate, e poder de veto. Ele vai funcionar melhor se você estiver liderando uma equipe altamente inovadora que precisa de direcionamento. O líder é encarregado de determinar quais entre as ideias fornecidas pelos membros do grupo estão certas e erradas.

Sociedade - Este é um estilo de liderança que estreita a linha entre o líder e os membro do grupo. Isso exige que o líder se torne parte do grupo. Algumas das características deste tipo de liderança incluirão igualdade, visão de grupo, e responsabilidade compartilhada.

Conclusão

1. Bons líderes devem ter a habilidade de tomar boas decisões nos momentos certos e devem ter um julgamento apurado.
2. Bons líderes precisam ser indivíduos que pensem pra frente e precisam ser capazes de visualizar o que eles querem e como eles irão fazer para obtê-lo. Definir objetivos é muito importante e um bom líder deve fazer com que esse princípio seja adotado por toda a equipe.
3. Um bom líder precisa ser uma pessoa honesta e inspirar confiança e integridade naqueles que trabalham com ele.
4. Um grande líder sempre mostra muita confiança em tudo que faz.
5. Um bom líder pode inspirar sua equipe e tem um fluxo inesgotável de vigor físico e mental.
6. Líderes são inteligentes e estão sempre tentando se tornarem pessoas melhores. Eles estão sempre lendo algum material que irá ajudá-los a melhorar a si mesmos.
7. Grandes líderes são inovadores. Eles estão constantemente pensando em

novas maneiras de implementar algo e trazendo novas soluções para os problemas.

8. Líderes são corajosos, mesmo quando as coisas ficam difíceis. Eles continuam calmos e confiantes, mesmo quando cercados por obstáculos aparentemente insuperáveis. Eles chamam a responsabilidade quando necessário.

9. Líderes são mente aberta, e também estão dispostos a ouvir as opiniões dos outros, bem como a aprender com eles.

10. Os líderes são justos e solidários aos sentimentos dos outros. Eles são acessíveis e compreensivos.

Parte 2

Introdução

Este livro é direcionado para aqueles que querem conhecer as características necessárias para possuir e aprimorar a liderança e, assim, se tornarem grandes líderes,independentemente de faixa etária. Essas características serão capazes de realizar sonhos por meio da motivação em transformar pensamentos em ações. É importante possuir qualidades de liderança mesmo que você ainda não tenha sido designado um líder em sua equipe, pois, tais qualidades irão garantir sucesso em todos os caminhos que você escolher seguir.

Cada capítulo deste livro será fácil de ler e interpretar para que, qualquer um, desde um empreendedor iniciante até um jovem membro de grupos corporativos, possa aprender e se inspirar para trazer mudanças relevantes para sua vida.Dê um passo à frente neste desafio agora mesmo e torne-se o líder que todos irão admirar.

Obrigado mais uma vez por adquirir este livro, espero que aproveite!

Capítulo 1 – O líder confiante

Confiança é quando você acredita em você mesmo e em suas habilidades. Nunca tem dúvidas ou se questiona a respeito de ser suficientemente bom, forte ou corajoso. Isso fica bem evidente quando a ocasião requer ousadia.

O líder confiante é alguém que tem disposição para executar tarefas difíceis com atitudes positivas. As pessoas querem ser conduzidas por alguém capaz de agir com calma, foco e firmeza, essas três características não podem ser adquiridas sem um nível saudável de confiança.

Além disso, a confiança de um líder pode ser contagiosa, uma vez que, o restante da equipe irá começar a acreditar mais em si. Contratempos e obstáculos representam uma parte normal de qualquer projeto, porém, se o líder da equipe não tiver confiança para superá-los, então o resto da equipe também poderá desmoronar.

Como se tornar um:

Confiança não acontece da noite para o dia, mas pode ser praticada em uma base diária, deste modo, poderá evoluir. Para se tornar um líder confiante, você deve aplicar as seguintes estratégias:

Planeje-se. Faz parte da natureza humana sentir um senso de segurança quando algo pode ser previsível. Construir planos com passos concretos irá deixá-lo ciente de que algo poderá ser feito, além de incrementar sua confiança. Além disso, eventuais contratempos poderão ser facilmente previstos quando você se sentar e desenhar quais atividades devem ser priorizadas para atingir seu objetivo. O planejamento eficaz também pode auxiliar em situações imprevisíveis e inesperadas porque um bom líder deve sempre possuir um plano B.

Domine a arte de se vestir bem. A habilidade de se vestir de forma apresentável afeta inevitavelmente sua autoconfiança. Você não concordaria que é muito mais fácil acreditar em alguém com uma boa aparência? Para se tornar um líder confiante, você também deve zelar por sua aparência. É claro que, para isso, você não deve esvaziar sua carteira comprando roupas caras, entretanto, investir em roupas adequadas é algo que todos os grandes líderes deveriam concordar. Você pode começar investindo apenas cinco minutos por dia para garantir que sua roupa tenha uma boa aparência, que sua higiene pessoal esteja em dia e seu cabelo devidamente alinhado.

Atente-se a linguagem corporal. Você se certifica em sentar com uma postura adequada, ombros para trás e peito para frente? Você demonstra uma boa postura quando está conversando com alguém ou apenas cruza os braços e mantém a cabeça baixa? Líderes confiantes são aqueles capazes de se impor com dignidade e elegância. Se você sente que peca neste quesito, trabalhe no esforço diário em corrigir sua postura e ser mais consciente de como você se apresenta para os outros por meio de seus movimentos.

O conselho mais importante que alguém pode te dar em relação a confiança é, seja simplesmente você mesmo. Então você pode acordar todas as manhãs e dizer "eu sou forte e confiante". Quando você acredita em sipróprio, todo mundo passa a acreditar em você também.

Capítulo 2 – O líder autodisciplinado

Autodisciplina é o ato de controlar impulsos pelo bem de um objetivo. É a habilidade em negar uma satisfação instantânea porque o resultado em se privar dela é essencial para o sucesso. Um líder autodisciplinado está fadado ao sucesso porque tem a determinação de seguir em frente independentemente de tentações.
Todos os líderes devem ser autodisciplinados, pelo contrário, a ausência desta característica irá refletir nos membros de sua equipe e nada poderá ser alcançado em meio a tal situação. É a autodisciplina que capacita o líder a ser consistente naquilo que faz. Força de vontade é o que te faz levantar de uma cama quente e confortável às 5 horas da manhã e seguir com suas atividades diárias. É o que faz você tomar a decisão correta, mesmo que ela seja a mais difícil.

É a autodisciplina do líder que garante que tudo irá correr bem e que todos irão contribuir com o trabalho de forma justa. O líder é aquele que entende melhor o conceito de "não importa o que aconteça, o show deve continuar"

Como se tornar um:

Não existe uma pessoa permanentemente autodisciplinada. Mesmo os mais disciplinados líderes do mundo podemcairem tentação algumas vezes. Contudo, como eles garantem seu compromisso diário com a autodisciplina, mesmo que seja uma escolha difícil, a decisão se torna mais fácil. Você também pode se tornar um líder autodisciplinado trabalhando as seguintes estratégias:

Eliminar distrações. Distrações estão presentes em praticamente todas as situações, seja no ambiente de trabalho ou em sua vida pessoal. É essencial que você crie consciência a respeito dessas distrações, para então, definir ações de modo a eliminá-las. Igualmente, você deve se sensibilizar frente ao restante da equipe, ajudando-os a reconhecer distrações que impactam sua performance e apresentar soluções para se livrarem delas.

Por exemplo, se você e seu time estão constantemente utilizando redes sociais, mesmo durante o expediente, discuta como o bloqueio eventualdesses sites pode ser benéfico para todos.

Dê intervalos para sua agenda. Frequentemente, as coisas caminham de forma mais eficiente quando seguem uma rotina. Imagine iniciar uma atividade sem ter a clareza de quando você deve terminá-la. Você irá perceber que está ficando esgotado e desmotivado com mais frequência. Não é de se admirar que, pessoas que se esforçam um pouco mais, acabam se esgotando mais rápido.

Para manter a autodisciplina, você deve também saber o seu ritmo e o de sua equipe. Você deve saber por quanto tempo você pode ser produtivo até que você sinta necessidade de fazer um intervalo. A média do ser humano, por exemplo, é trabalhar de forma produtiva a cada duas horas até que sinta a necessidade de descansar aproximadamente 15 minutos. Imponha intervalos para si próprio e para a equipe,feito isso,observe as melhorias na performance geral.

Capítulo 3 – O líder honesto

É muito difícil, para não dizer impossível, confiar em uma pessoa desonesta. Pessoas querem depender de alguém que não irá incentivá-las a agirem contra sua própria vontade ou conduzi-las para uma armadilha. Essa é razão pela qual um líder deve ser honesto.

Ser honesto com sua equipe mostra que você é profissional, mesmo quando a verdade pode não ser agradável, ainda assim, o líder deve praticar transparência. A equipe será grata e irá se esforçar ainda mais. Além disso, demonstrando honestidade como uma premissa sustentada dentro da equipe, os outros membros também serão encorajados a agirem de forma justa e honesta entre si.

Tenha o cuidado de não confundir honestidade com sinceridade. Você deve identificar e levar em consideração os fatores culturais e sociais das pessoas com quem você conversa. Ser muito direto, em algumas sociedades, pode ser considerado rude. Crie um equilíbrio entre sensibilidade e honestidade, pois, é issoque o torna um grande líder.

Como se tornar um:

Para se tornar um líder honesto, você deve se esforçar para ser autêntico. Mesmo que seja desafiador ser honesto e defender aquilo que acredita, é a superação desse desafio que forma um grande líder. Tome a decisão de ser honesto diariamente adotando as seguintes estratégias:

Siga integralmente seus compromissos. Caso se comprometa em fazer algo, você deve fazer o possível para cumprir. Você apenas ganha o respeito das pessoas quando elas sentem que podem, de fato, depender de você. Uma pessoa que abandona suas responsabilidades quando elas se tornam difíceis, definitivamente não tem as características necessárias para se tornar um líder. Dito isto, também é preciso saber dizer não. Se você está certo de que algo está fora do seu escopo, ou de sua equipe, é preciso ser honesto ao invés de assumir algo que será desempenhado com um baixo rendimento.

Confesse suas próprias fraquezas. Pessoas desonestas tem o hábito de esconder fraquezas pois sentem-se constrangidas e ameaçadas por elas. Essas pessoas colocam até mesmo suas equipes em risco para se isentarem da culpa e evitar confrontos. Pode ser difícil, porém, é preciso ser honesto quanto aos seus próprios erros diante de sua equipe. Eles irão responder com maior respeito e atenção quando souberem que você está se esforçando para melhorar.

Seja diplomático. O único problema em ser honesto é quando as palavras erradas são escolhidas para expressar a honestidade. Um líder honesto é alguém que garante feedback construtivo que irá inspirar o profissional a ser melhor. Um grande líder é aquele que administra a situação de uma forma honesta e profissional, ao invés de deixar que a sua própria raiva interfira no progresso da equipe.

Por fim, seja específico ao transmitir mensagens para os demais. Não trate a equipe como pessoas que podem ler sua mente e captar declarações agressivas para usar a seu favor. Você pode ser específico sem ferir os sentimentos alheios utilizando o método sanduíche. Para isso, aponte um aspecto positivo seguido um feedback construtivo e, por fim, outro aspecto positivo. Isso irá ajudar a manter-se honesto sem reduzir a moral de sua equipe.

Capítulo 4 – O líder organizado

Para ser organizado, você deve pensar de forma metódica e eficiente. Você deve, além disso, entender as diferenças, partes coerentes do todo, bem como, funções específicas de cada área. Um líder organizado é aquele que valoriza o equilíbrio e é capaz de delegar atividades de forma sábia para as pessoas certas.

Ser organizado é essencial para praticamente todo tipo de empreendimento. O líder que possui tal característica é capaz de manter uma ideia clara durante toda a execução de um projeto, porque, ele sabe quem, como, onde e por quê.

Um líder organizado entende seus pontos fortes e fracos, assim como os de cada membro de sua equipe. Não importa a quantidade de trabalho que foi acumulada, este líder pode orquestrar cada tarefa de acordo com o departamento correto. Essa sistemática irá assegurar o desempenho e produção de alta qualidade.

Como se tornar um:

Ser organizado na vida é a chave para alcançar tudo aquilo que você tem em mente. Líderes devem ser capazes de planejar e delegar tarefas de forma efetiva para que um objetivo comum possa ser atingido. Para se tornar um líder organizado, aplique essas estratégias:

Respeite a diversidade. Entenda que cada pessoa possuí pontos fortes que beneficiam o time, assim como pontos fracos que podem ser compensados por pontos fortes de outros membros. Preste atenção ao que cada membro tem a oferecer e confie que eles serão capazes de executar suas atividades de forma otimizada.

Estabeleça um conjunto claro de regras. É essencial para um líder que ele tenha certeza de que todos entenderam integralmente seus papéis e o que se espera de cada um. Todos os membros, incluindo a liderança, deve saber que sua função é tão importante quanto as demais. Sendo claro a respeito disso, as regras da equipe começarão a fazer sentido para todos, o que significa que provavelmente todos irão aderir a elas.

Dê os devidos créditos quando necessário. Parte da responsabilidade de um líder organizado consiste em distinguir a variedade de esforços dos membros de sua equipe e reconhecer as contribuições individuais. Certamente, todos trabalham em equipe, porém, isso não significa que as pessoas não pensem livremente de forma individual. Cada membro possuí anseios em relação a afirmação de seus esforços, especialmente quando esse retorno vem de seus líderes. Conceder créditos significa encorajar a equipe a dar o melhor de si.

Manter o ambiente organizado. Éalgo que um líder organizado deve se comprometer em fazer. Um simples gesto para demonstrar essa característica é manter seu ambiente de trabalho limpo e organizado. Tal ambiente promove eficiência e produtividade, uma vez que, você ganha tempo ao procurar algo. Com isso, a limpeza de seu espaço coloca tudo de volta ao seu devido lugar.

Se você reluta em ser organizado, tente adaptar-se ao estilo de vida minimalista. Elimine qualquer item (e pessoa) que possa atravancar seu espaço físico e mental, assim, somente o essencial permanecerá. Com o planejamento de um simples plano de ação, tudo se torna mais claro e fácil de administrar.

Capítulo 5 – O líder comunicativo

Uma das características mais relevantes que separa o líder do resto da equipe é a habilidade em se comunicar efetivamente. As pessoas querem definitivamente ouvir alguém que saiba usar palavras de forma clara e concisa.

O líder comunicativo possuí a habilidade em transmitir seus objetivos de forma persuasiva. Questões internas serão facilmente resolvidas porque ele demonstra habilidade ao administrar a comunicação entre os membros da equipe. Em contrapartida, se o líder for incapaz de transmitir a missão de seu próprio time, então estará limitado a uma série de problemas.

O líder comunicativo é capaz de converter o ambiente de trabalho em um ambiente produtivo porque é capaz de treinar sua equipe de forma eficiente. Esse líder também se certifica em estar disponível para consultas e demonstrar atenção no que se refere as ideias e feedback dos demais. A comunicação efetiva é, deste modo, uma via de mão dupla.

Como se tornar um:

Como um líder comunicativo, você deve ser capaz de aplicar de forma consistente as seguintes regras para poder interagir bem com sua equipe:

Tratamento em nível pessoal. Ao invés de discutir em frente da equipe, proponha discussões mais interativas. Chame as pessoas por seus nomes e faça perguntas abertamente para que eles tenham a oportunidade de responder de forma confortável.

Seja específico. Evite ambiguidade, especialmente quando se trata de uma instrução ou de um feedback construtivo. Seja breve, conciso e gentil para evitar possíveis confusões no entendimento dos demais.

Cultive a empatia. Muitos líderes caem no poço de arrogância pois acreditam ser superiores aos seus colegas. Contudo, o líder apenas desempenha um papel no time e não é o centro dele. Como um líder, você deve possuir empatia com a equipe de modo a se colocar no lugar de cada membro. Sendo empático, você pode ajudar na resolução de problemas de forma mais eficiente.

O líder comunicativo é alguém que tem a habilidade de escolher a abordagem mais adequada para cada tipo de situação. Tenha em mente que a comunicação é também algo cultural, não é porque seu humor funcionou com uma pessoa, que irá funcionar com todas, porém, isso não significa que vocês não possam trabalhar juntos. Seja sensível e se ajuste ao estilo de comunicação dos outros.

Capítulo 6 – O líder apaixonado

Imagine trabalhar em uma equipe onde o líder não é apaixonado por aquilo que faz. Nesse cenário, é muito provável que os demais membros também fiquem desmotivados. Por esse motivo, um líder deve demonstrar paixão em relação ao objetivo, bem como, no caminho trilhado para se chegar lá.

A paixão é descrita como uma forte emoção percebida quando se acredita em algo que vem do fundo do coração. É a paixão que leva uma pessoa a seguir em frente e permanecer firme naquilo que faz. Se o líder demonstrar paixão, o restante da equipe também irá se sentir motivada e apresentará maior rendimento.

A paixão não deve, de forma alguma, ser forçada, por isso, cada um deve sempre ter uma ampla visão e missão bem formulada. Essas premissas irão reacender a paixão que deu início ao projeto. O líder apaixonado deve se comprometer com tais premissas e deixar que este compromisso reflita no desempenho da equipe, além de, encorajá-la a fazer o mesmo.

Como se tornar um:

Líderes apaixonados são aqueles com alto nível de comprometimento com os objetivos da equipe. Desperte a paixão dentro de você com as seguintes estratégias:

Paixão intrínseca.Existem dois tipos de motivação: intrínseca e extrínseca. Motivação extrínseca é quando você é motivado por razões externas, por exemplo, alguém que está estudando medicina por conta do prestígio em torno da profissão. Por outro lado, motivação intrínseca é quando você deseja se tornar um médico porque é apaixonado em ajudar pessoas. Invista um tempo refletindo as razões que te fazem buscar algo e, caso descubra que você é apenas motivado por razões extrínsecas, esforce-se para torná-las intrínsecas.

Abra-se a discussões sinceras. A melhor forma de acender a paixão de uma equipe é, permitir que todos se expressem abertamente a respeito de um determinado projeto. Antes da discussão, deixe claro algumas regras, por exemplo, aguardar que o colega finalize uma ideia para expressar sua opinião. Alguns líderes de equipe utilizam o método do bastão para organizar a discussão. Deste modo, a pessoa que está segurando o bastão deve terminar seu discurso sem interrupções do grupo, porém, deve passá-lo a outro colega após o tempo previamente estabelecido.

Fale sobre seus compromissos. Deixar que todos saibam que você está totalmente comprometido com o projeto, irá encorajar a equipe a fazer o mesmo. Além disso, existe uma grande diferença entre manter uma promessa para si próprio e direcioná-la para o mundo porque as pessoas geralmente demonstram maior compromisso e paixão quando sabem que são observadas.

Líderes apaixonados desfrutam profundamente daquilo que fazem porque se importam de forma honesta.Cerque-se de um time que é tão apaixonado quanto você efaça com que os outros se inspirem e realizem grandes feitos.

Capítulo 7 – O líder otimista

Ser otimista significa ter esperança de que tudo irá mudar para melhor. É essencial que um líder seja otimista em um determinado projeto para intensificar o desempenho da equipe por meio de perseverança. Também é essencial trabalhar na manutenção de um ambiente favorável, que eleve o espírito de positividade da equipe ea encorajeno desempenho de suas funções com alto rendimento.

O líder deve pensar de forma positiva porque isso irá capacitá-lo a trazer soluções inteligentes para os problemas. Uma pessoa pessimista irá desistir e se desfazer facilmente de um projeto porque perdeu as esperanças em obter sucesso. A pessoa positiva, por sua vez, é alguém que sabe que não se deve desistir facilmente. Como diz a sabedoria popular, você poderá sempre alterar o plano, porém, jamais o objetivo.

Um líder otimista esforça-se para obter sucesso, bem como, acredita que o

esforço da equipe também será bem-sucedido. Esse líder dissemina positividade ao combinar diversão com produtividade, pois, sabe que as pessoas se tornam mais devotas ao sucesso quando estão felizes com aquilo que fazem. Deste modo, a tarefa que precisa ser feita, torna-se algo que toda a equipe quer, de fato, fazer.
Como se tornar um:

Muitos líderes acabam se tornando cínicos e, por esse motivo, diversos livros e filmes foram inspirados em péssimos chefes. Você certamente não quer inspirar alguéma escrever um livro a respeito de sua falta de habilidade de liderança. Por isso, deve constantemente lembrar-se das dicas abaixo para ser um líder otimista:

Focar em soluções. Uma das piores coisas que o ser humano pode fazer é encontrar alguém para culpar quando algo não sai como o planejado, mesmo que essa pessoa não seja necessariamente a culpada. Como um líder otimista, você deve direcionar a sua equipe a manter o foco na resolução de problemas ao invés de apontar o dedo para culpar os colegas.

Receba críticas abertamente. Como um líder otimista, você deve ser capaz de receber feedback negativo abertamente ao invés de adotar uma postura defensiva. Mantenha-se calmo em frente da pessoa que está lhe direcionando uma crítica e transforme suas palavras em aprendizado para melhorar futuramente. Pode ser difícil no começo, porém, no final você irá se tornar melhor.

Ressalte as boas notícias. O líder otimista é capaz de identificar pequenos ganhos em meio a grandes perdas. Sempre começa e termina uma discussão de forma positiva e trata os obstáculos e desafios como algo que pode ser superado pela equipe. No final da reunião, todos deixarão a sala sentindo-se empoderados e animados ao invés de abatidos.

Uma importante forma de pensamento entre pessoas otimistas é enxergar as experiencias negativas como casos isolados. Por exemplo, ao cometer um erro durante uma apresentação, uma pessoa otimista irá entender aquilo como algo que deve ser melhorado para as próximas vezes. A pessoa pessimista, por sua vez, irá acreditar não ser boa em apresentações e isso irá afetá-la em suas apresentações futuras. Tome cuidado para não se prender em aos seuspróprios erros.

Capítulo 8 – O líder intuitivo

Inovações são geradas a partir de intuições. Afinal, não se pode chamar uma ideia de inovadora caso ela já tenha sido inventada por uma outra pessoa. Uma pessoa intuitiva tem uma tendência natural a identificar se algo está certo ou errado com base em suas sensações. Quando alguma situação inesperada aparece, ela acredita em sua intuição para superá-la.

Um líder intuitivo é o maior bem de uma equipe porque ele é capaz de guiar a todos em meio a escuridão. Tais líderes aperfeiçoam suas habilidades e contam com suas experiencias anteriores para dar palpite no andamento das coisas. Não é sempre que você tem a oportunidade em tomar uma importante decisão, por esse motivo é importante acreditar em sua intuição para escolher o melhor caminho para sua equipe.

Como se tornar um:

De todas as características, intuição é, provavelmente, a mais difícil de ser aprimorada. Isso porque você precisa ser muito bom em todas as outras características para que sua intuição seja naturalmente desenvolvida. Mesmo assim, existem técnicas que podem te ajudar a aperfeiçoá-lae se tornar, enfim, um líder intuitivo:

Seja curioso. Sempre que surgir uma ideia, aproveite para refletir e questionar a respeito. Pergunte a si mesmo se a ideia é positiva, se pode ser alcançada e se é, de fato, útil para você e para os outros. Se um novo estímulo surgir para você, observe como ele funciona e como pode acontecer. Preste atenção aos pequenos detalhes e considere as razões de estarem lá.

Pratique autorreflexão. Antes de se entregar ao período noturno, reflita como foi seu dia. Escreva suas reflexões para ajudá-lo a se concentrar e manter os pensamentos registrados. Reflita como você se sentiu fisicamente, emocionalmente, mentalmente e, até mesmo, espiritualmente. Então, pense como você poderia ter melhorado seu dia e o que você pode fazer amanhã para que ele seja tão bom quanto ou ainda melhor.

Leia casos reais de investigação.Muitos investigadores de sucesso acreditam tanto em pistas quanto intuições para solucionar mistérios. Deixe que sejam seus modelos e aprenda a pensar como eles. Observe como fazem deduções a partir de algumas pistas e, deste modo, tiram conclusões inteligentes. Enquanto você lê a jornadas desses investigadores, pratique sua intuição dando seus próprios palpites. Quanto mais você ler esses casos, mais irá perceber que está trabalhando sua intuição.

Outra competência que pode desenvolver sua intuição é a leitura de linguagem corporal. Por exemplo, como você pode dizer se o que uma pessoa está dizendo é verdade ou mentira, porém, lembre-se sempre de levarem consideração as diferenças culturais.

Capítulo 9 – O líder criativo

O líder criativo é alguém capaz de construir algo do zero. Ser criativo significa ter flexibilidade para se adaptar a qualquer situação e utilizar com desenvoltura os recursos disponíveis.

Quando ocorrem situações críticas durante o desenvolvimento de um processo, as pessoas querem contar com um líder criativo que busque novos horizontes e vá além do previsto

As novas ideias sugeridas por um líder criativo não irão apenas impressionar a equipe, mas também, inspirá-los a sair da zona de conforto de modo a explorarem seus processos criativos.

Mesmo que o líder não seja necessariamente a pessoa mais criativa da equipe, é preciso seguir explorando seus processos criativos e ideias imprevisíveis que, eventualmente, podem se tornar grandes.

Como se tornar um:

A criatividade é crucial para o sucesso, por isso líderes esforçam-se constantemente para mantê-la. Conduza sua equipe pelo caminho da inovação por meio da aplicação dessas estratégias:

Valorize a diversificação da criatividade. Cada membro da equipe é capaz de ser criativo. Por esse motivo, você deve ouvir as diferentes ideias e incorporá-las ao projeto. Tenha em mente que você não precisa ser a pessoa mais criativa do grupo para ser um líder, entretanto, um líder criativo é capaz de aproveitar a criatividade dos demais membros para facilitar ou viabilizar um projeto.

Crie desafios para os outros e para si mesmo. Você acha que tem uma grande ideia? Então prove! Transforme sua ideia em realidade e encoraje a equipe a fazer o mesmo. Caso as ideias entrem em conflito, organize um debate para deixar que os membros do grupo expressem suas opiniões para, deste modo, evidenciar as melhores ideias e reconsiderar as demais

Cerque-se de criatividade. Artistas vivem um mundo repleto de artes. Eles passam grande parte do tempo em galerias de arte para examinar as obras de grandes gênios, de modo a aprimorar sua própria arte. Qualquer que seja o processo criativo que você deseja melhorar, é preciso cercar-se dele.

Como um líder criativo, você deve também apoiar a criatividade dos demais. Seja cuidadoso para não julgar a criatividade alheia em comparação as suas próprias ideias. Lembre-se,cada pessoa tem seu próprio estilo e respeitar cada um deles irá encorajá-la a acreditar em suas ideias, além de, se esforçar para manter um constante processo inovador.

Capítulo 10 – O líder inspirador

A habilidade de inspirar é o que faz um líder carismático. As pessoas amam quando suas mentes são estimuladas por determinadas coisas e pensamentos. Por esse motivo, elas procuram seguir líderes capazes de inspirá-las.

Um líder inspirador é capaz de fazer com que a equipe se torne emocionalmente envolvida em seu esforço compartilhado. Essa característica permite que o líder demonstre, por meio de ações, suas ideias e ideais, e assim, servir de modelo para os demais membros do time. O líder inspirador é também alguém capaz de elevar o espírito de equipe, encorajando seus esforços e incentivando-ano aperfeiçoamento de suas habilidades. Este líder sabe muito bem que a natureza humana busca se inspirar em alguém e, com isso, faz um esforço consciente para servir de exemplo.

Como se tornar um:

Uma equipe liderada por alguém capaz de inspirar, trabalha com mais vontade. As pessoas querem trabalhar com alguém que se esforce para atingir objetivos em conjunto. Aplique as estratégias abaixo para ser um líder inspirador:

Seja um entusiasta. Sempre que falar sobre alguma ideia em que você é, de fato, apaixonado, permita-se demonstrar essa paixão. Seja expressivo na escolha de suas palavras e deixe sua energia ser positiva e vibrante. Pense como uma líder de torcida antes de um grande jogo e abrace o que você tem para levantar a moral daqueles ao seu redor. Seja genuíno, afirmações positivas para a equipe farão com que o vínculo entre vocês seja ainda mais forte.

Utilize a visualização. Seres humanos possuem inclinação natural a pensar de forma narrativa. Por esse motivo, as antigas mitologias e parábolas permanecem enraizadas em suasmemórias mesmo através do tempo. Como alguém que deseja inspirar os outros, você pode fazer uso dessa inclinação e transmitir sua mensagem em forma de história. Por exemplo, pode contar casos reais de pessoas que obtiveram sucesso em suas vidas para elevar a inspiração dos membros da equipe.

Encoraje discussões. Todo mundo deve ter achancede se expressar e, cabe ao líder inspirador, dar a sua equipe tal oportunidade. As pessoas apreciam a valorização de suas opiniões, assim como as dos demais, pois, suas ideias podem trazer benefícios reais ao grupo. Tenha em mente que as pessoas se sentirão mais inspiradas em contribuir para um determinado projeto quando elas sentirem que fazem, de fato, parte dele.

Como um líder inspirador, você deve manter-se fiel a sua visão e não se deixar levar por realizações superficiais. Cultive o desejo real em criar algo que irá beneficiar uma comunidade e isso será suficiente para se tornar uma inspiração entre os demais.

Conclusão

Obrigada mais uma vez por adquirir este livro!

Você descobriu que as 10 características fundamentais para se tornar um bom líder são: confiança, autodisciplina, honestidade, organização, comunicação, paixão, otimismo, intuição, criatividade e inspiração. O seu próximo passo agora é identificar quais dessas características você já possuí e quais delas devem ser aprimoradas em meio a busca de seus objetivos.

Quando você acordar de manhã, esforce-se para colocar as lições que você aprendeu nesse livro em prática. Visualize-se como o líder que aspira ser e torne-se um.

www.ingramcontent.com/pod-product-compliance
Lightning Source LLC
Chambersburg PA
CBHW070032040426
42333CB00040B/1578